2 Mars 1885.

VENTE DU LUNDI 2 MARS 1885

HOTEL DROUOT, SALLE N° 2

Après le décès de Mme *CHAIGNEAU*

TABLEAUX ANCIENS

DES DIFFÉRENTES ÉCOLES

Quatre importantes Compositions attribuées à Rubens

MEUBLES, CURIOSITÉS

EXPOSITION PUBLIQUE

Le Dimanche 1er Mars 1885

de 1 heure à 5 heures.

COMMISSAIRES-PRISEURS

Me GAUTHIER | **Me LÉON TUAL**

21, rue d'Antin, 21. | 39, rue de la Victoire, 39.

EXPERT

M. B. LASQUIN

12, rue Laffitte, 12.

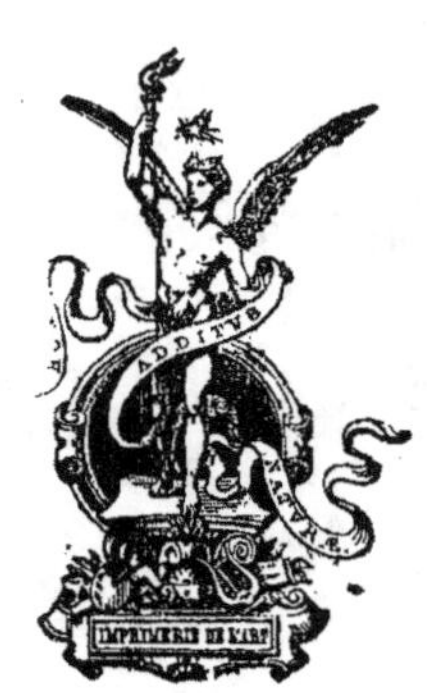

ADDITVS
IMPRIMERIE DE L'ART

CATALOGUE

DE

TABLEAUX ANCIENS

DES DIFFÉRENTES ÉCOLES

Parmi lesquels

QUATRE IMPORTANTES COMPOSITIONS, SUJETS DE CHASSE

ATTRIBUÉES A RUBENS

AMEUBLEMENT DU TEMPS DE L'EMPIRE

Pendules Louis XIV — Glaces anciennes

CURIOSITÉS

Meubles et ustensiles de ménage

Dont la vente après décès de Mme CHAIGNEAU

AURA LIEU

HOTEL DROUOT, SALLE N° 2

Le Lundi 2 Mars 1885, à 2 heures

Par le Ministère de **Me GAUTHIER**, commissaire-priseur,
21, rue d'Antin, 21

Et de **Me LÉON TUAL**, son confrère, 39, rue de la Victoire.

Assistés de **M. B. LASQUIN**, expert, 12, rue Laffitte.

EXPOSITION PUBLIQUE

Le Dimanche 1er Mars 1885

DE 1 HEURE A 5 HEURES

CONDITIONS DE LA VENTE

Elle sera faite au comptant.

Les acquéreurs payeront en sus des enchères *cinq pour cent*, applicables aux frais.

L'exposition mettant le public à même de se rendre compte de l'état des objets, aucune réclamation ne sera admise une fois l'adjudication prononcée.

Paris. — Imp. de l'Art. E. Ménard et J. Augry
41, rue de la Victoire, 41

DÉSIGNATION DES OBJETS

TABLEAUX

RUBENS

(École de)

1 — Quatre importantes compositions représentant :

La Chasse au lion.

La Chasse au tigre.

La Chasse au sanglier.

La Chasse au crocodile.

ALBANE

(D'après)

2 — *Le Bain de Diane.*

BASSAN

(D'après)

3 — *Travaux champêtres.*

BOUCHER

(D'après)

4 — *Pastel.*

BREUGHEL

(École de)

5 — *Marché.*

ÉCOLE FRANÇAISE

6 — *Le Sommeil.*

Cadre Louis XIV, sculpté.

ÉCOLE FRANÇAISE

7 — *Bacchante et Satyre.*

ÉCOLE ITALIENNE

8 — *Tobie et l'ange.*

LANCRET

(D'après)

9 — *Jeux d'enfants.*

LESUEUR
(Attribué à)

10 — *Portement de croix.*

MIGNARD
(Attribué à)

11 — *Sainte Famille.*

PRIMATICE
(École du)

12 — *Hyménée.*

RUBENS
(École de)

13 — *Élévation en croix.*

Esquisse.

RUBENS

(D'après)

14 — *Hérodiade.*

VENIUS

(OTTO)

15 — *Sainte Madeleine à mi-corps.*

VALLIN

16 — *Allégorie de l'hiver; enfant se chauffant.*

WATTIER

(E.)

17 — Sépia.

18 — Deux tableaux de fleurs.

19 — Gravures encadrées : pastels, por-
traits.

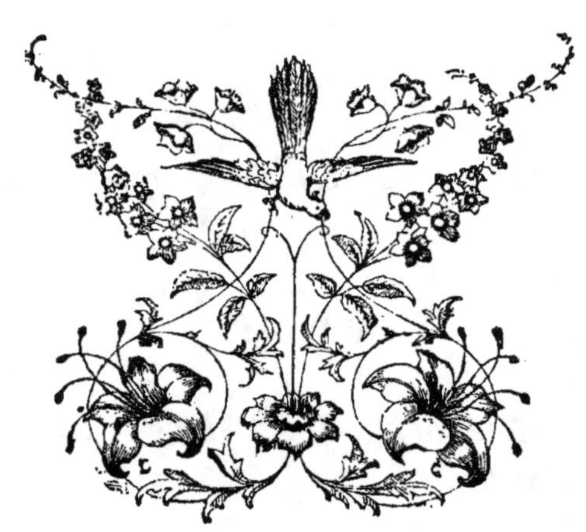

MEUBLES ET CURIOSITÉS

20 — Ameublement du temps de l'Empire, en bois d'acajou orné de bronzes finement ciselés et dorés au mat.

Il est composé : d'un lit, une armoire à glace, un secrétaire et une commode.

21 — Commode Louis XVI, en acajou à moulures de cuivre.

22 — Bibliothèque à hauteur d'appui, en bois satiné.

23 — Table-bureau à la Tronchin, en acajou à moulures de cuivre.

24 — Pendule Louis XVI, en bois sculpté, à figures d'enfants.

25 — Trois glaces Louis XIV et Louis XV, à frontons sculptés.

26 — Pendule Louis XVI, à colonnes en marbre blanc, ornée de bronzes.

27 — Pendule Louis XVI, en marbre blanc et bronze.

28 — Chenets Louis XIII, en cuivre.

29 — Curiosités, ivoires, coffrets, porcelaines diverses.

3o — Deux flambeaux en porcelaine de Saxe.

31 — Meubles divers, ustensiles de ménage.

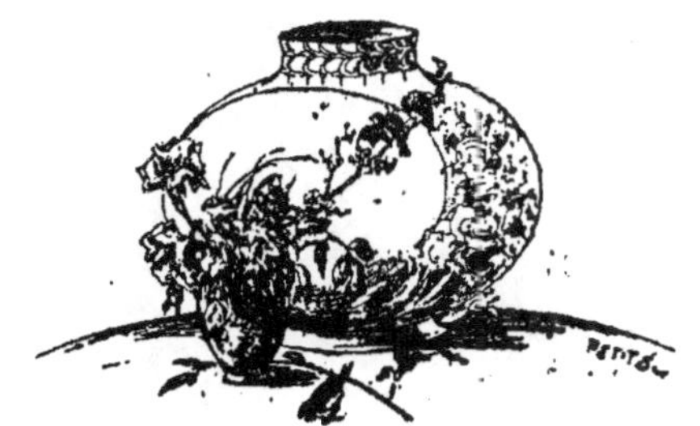